AF248523

Revue des ARCHIVES HISTORIQUES

du Diocèse de Chartres

CHATEAU DE COURTALAIN

1901

CHARTRES

L'Abbé Ch. MÉTAIS, *Chanoine honoraire*, DIRECTEUR

Courtalain

CHATEAU ET SEIGNEURS

PAR

L'ABBÉ CHAPRON

ARMOIRIES DES MONTMORENCY APRÈS BOUVINES

CHARTRES

ABBÉ MÉTAIS, Éditeur

—

1901

AVANT-PROPOS

La notice que nous publions ici n'est pas complète-
ment inédite. Divers fragments sont empruntés aux
bulletins de la Société Dunoise et sont dûs à M. Edouard
Lefèvre, l'abbé Desvaux, et à notre propre collaboration.

Nous osons pourtant espérer que ce nouveau travail
n'en sera pas moins plein d'intérêt pour le public
auquel il est destiné.

LE CHATEAU

E château actuel de Courtalain remonte à l'année 1483. Il fut construit par Guillaume d'Avaugour et Perrette de Baïf, son épouse.

L'antique donjon, ruiné par les guerres, n'était plus habitable et, du reste, le génie naissant de cette période de l'histoire qui devait jeter tant d'éclat et produire tant de chefs-d'œuvre ne pouvait s'adresser en vain à d'aussi puissants et distingués personnages.

En effet, Guillaume d'Avaugour occupait à la Cour de Louis XII la place de chambellan, et celle d'intendant auprès du célèbre Dunois, dit le bâtard d'Orléans, duc de Longueville.

Quant à Perrette, elle était fille de Lazare de Baïf, ambassadeur à Venise et en Allemagne sous François Ier, et, sœur de Jean-Antoine, l'un des poètes français les plus remarquables du XVIe siècle, et l'intime ami du vendômois Ronsard.

L'œuvre toutefois resta incomplète jusqu'au milieu du XIXe siècle, et c'est seulement en 1854 et 1855, que le duc Raoul de Montmorency eut recours à l'habile ciseau de M. Gaullier de Châteaudun pour en achever l'ornementation.

Quelques modifications seulement y avaient été apportées. Le vieux donjon avait disparu dans le cours du dix-septième siècle. Deux cents hectares de terre labourable, prés et bois avaient été entourés de murs en 1745.

Les fossés avaient été comblés, et la partie du manoir qui se trouvait à droite du pont-levis et séparée du corps principal avait disparu, pour faire place à une construction assez originale, il est vrai, mais qui, selon nous, s'harmonise peu avec le style élégant et grandiose du reste de l'édifice.

Pour donner du château de Courtalain une idée un peu exacte,
nous dirons donc successivement, et ce qu'il fût autrefois et ce
qu'il est aujourd'hui.

1°. — CE QU'IL FUT AUTREFOIS

 otre travail est ici des plus faciles. D'une part, en
effet, nous possédons le plan terrestre et figuratif
de l'habitation et de son entourage, au moment
de sa construction, et de l'autre la description qu'en a faite au
dix-septième siècle messire François de Montmorency, l'un de
ses seigneurs.

Description du château de Courtalain.
Par M. François de Montmorency.

« Courtalain consiste et est situé sur une petite éminence faite
exprès pour l'élever plus que le bourg ; où il y a un gros chasteau qui n'est pas achevé, regardant le soleil levant, et une aile
au couchant, ayant dans ses angles, dehors (B) et dedans (C)
deux grosses tours, dont celle du dedans fait le degré.

« La cour peut contenir environ un demi arpent, étant un peu
plus large que longue, ayant au nord une forte grosse tour non
habitée, et l'ancienne demeure des seigneurs du lieu.

« Estant dans la cour, on entre dans le chasteau par la tour du
degré. Après ce vestibule, on y trouve une salle de communica-
tion pour aller dans une antichambre de même grandeur, n'estant jadis toutes les deux qu'une même salle, et de là dans une
grande chambre parquetée et lambrissée avec des tableaux de
l'histoire de Cyrus, et un grand cabinet et des garde-robes ;
le tout ayant vue sur le bourg, au levant, et au couchant sur la
cour.

« L'antichambre et la chambre sont percées des deux côtés.
Voilà ce qui est à gauche dans la dite salle. A la main droite est
un petit appartement imparfait, ayant un passage ; un petit vestibule, une chambre, qui ont vue sur le dit bourg, au levant ; et

Plan du chateau de Courtalain bati en 1483 et tel qu'il existait encore en 1763

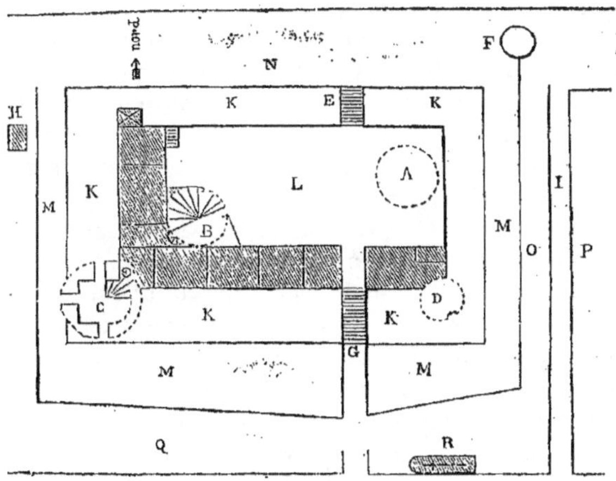

A Ancienne habitation.
B Tour du degré.
C Tour de l'angle.
D Tour non habitée.
E Pont-levis.
F Colombier.
G Pont-levis.
H Colombier vers la rivière.
I Canal d'eau de source.

J Petit corps de logis.
K Fossé.
L Cour.
M Terrasse.
N Basse-Cour.
O Avant-cour.
P Jardin.
Q Place à contenir 102 hommes en bataille.
R L'Eglise.

une garde-robe derrière, au couchant. Dans le dit passage ; il y a
une office. (C'est le dedans de la tour du dehors de l'angle ci-de-
vant marqué.) Dans l'aile, ce sont les cuisines, la salle du com-
mun et cabinet derrière.

« Voilà le rez-de-chaussée.

« Au-dessus de tout cela, est premièrement, pour y aller, un
fort beau degré à noyau : les marches ont une moitié de longueur
de plus que celles de.... L'on trouve d'abord une grande salle
qui règne sur les deux pièces de dessous, c'est-à-dire de la salle
et antichambre, au bout de laquelle est une grande chambre, cabinet et garde-robes. Le tout a la même vue que celui d'en bas.
L'autre appartement est dans la tour, de même que celui d'en
bas ; ayant une petite chambre et une garde-robe qui se trouvent
détachées des appartements.

« Dans l'aile, au-dessus des cuisines, est une grande antichambre avec des garde-robes.

« Ce qui borde la cour, vis-à-vis du corps de logis, est une mu-
raille d'appui garnie de bahuts, qui commande sur le fossé ; une
terressasse *(sic)* et une fort grande basse cour qui peut contenir
trois arpents dont la largeur a plus que la face de la terrasse, et
dans laquelle il y a toutes les commodités nécessaires.

« A main droite est un gros colombier à pied (F) qui joint
presque le pied de la terrasse, ensuite un grand bûcher et des re-
mises ; une fort belle grange et la plus belle qu'il y ait dans tout
le pays. Au bout de la basse-cour et faisant face au château est
une forte grande écurie à double rang, où il y a dessus des greniers à foin, un petit corps de logis pour les valets de la basse-
cour et en face de la grange est un fort grand bâtiment dans le
rez-de-chaussée duquel sont des pressoirs, des caves et un cellier
à contenir 200 pièces de vin. Au-dessus sont des greniers à bled
et greniers à avoine. Depuis le pignon de ce corps de logis et
tout le long de la terrasse qui règne devant l'aile du chasteau est
une vigne d'un arpent et demi.

« Derrière les grandes écuries et le corps de logis des valets
est le bois à l'entrée duquel est une petite futaye de cinq ou six
arpents, vieille ; et aux deux côtés deux jeunes futayes plantées
par feu mon père, (Pierre II de Montmorency), avant d'être
marié, il y a bien cinquante années, (la jeune futaye est de
18 arpents), après lesquelles futayes viennent les boys taillis où

sont de très belles allées et fort larges et longues. Les boys taillis peuvent contenir près de 100 arpents.

« Il y a aussi une fort bonne garenne dans les dits boys, outre celles qui sont de l'autre costé du bourg et à la vue du chasteau.

« Plus une grande vigne de 10 arpents ou environ de l'autre costé du bourg, sur le costeau de la rivierre, où l'on recueille 60 pièces de vin, j'en ai vu jusqu'à 100 pièces.

« Enfin à quelque distance sur le chemin d'Arrou, on trouve une belle pierre cochelée qu'on aime à visiter. »

Tel était donc l'état du château de Courtalain jusqu'à l'époque de la révolution ; il fut alors entièrement dévasté ; le mobilier fût vendu ou pillé ; un maréchal établit sa forge dans la tour extérieure, un boucher s'installa dans le salon ; la salle de billard fût convertie en abattoir. Quand le duc Anne Charles revint de l'exil, il eut tout à faire pour rendre habitable ce monceau de ruines.

La question d'art fut ajournée indéfiniment. Elle ne fut reprise, comme nous l'avons dit plus haut, qu'en 1854 par le duc Anne Raoul.

C'est cette restauration qu'il nous faut maintenant étudier.

II° — LE CHATEAU DE COURTALAIN, TEL QU'IL EST AUJOURD'HUI

L est juste de commencer notre visite par l'exté- rieur ; en effet, c'est à l'embellissement de cette partie de l'édifice qu'a surtout songé le noble duc : fenêtres, lucarnes, cheminées, tout a été dé- coré par ses soins : le balcon lui-même n'a été construit qu'à cette époque. Rien n'a été négligé, il faut avouer pourtant que c'est à la façade de l'ouest, donnant sur la vallée de l'Yère que le génie de l'artiste s'est particulièrement appliqué. Aussi est-ce de ce côté que se dirige tout d'abord le touriste.

Après un coup d'œil rapide sur une section de mur assez né- gligée, défigurée même pour les besoins de l'intérieur, on arrive au centre, où l'on admire une belle panoplie, qui réunit tous les attributs de la chasse dominés par une tête de cerf, et ceux de la guerre séparés entre eux par un écusson aux armes de Montmorency et d'Avaugour, qui sont pour d'Avaugour : *d'argent au chef de gueules.* L'écusson est supporté par deux enfants, dont l'un tient une épée et l'autre une balance.

Au fronton de ce motif, se remarquent les armes de Montmorency avant Bouvines (1214) soit : *quatre alérions d'azur sur champ d'or avec la devise* Aπλανος, *accompagnée d'une étoile,* et la légende : *Dieu aide au premier baron chrestien.* Les appuis de cette lucarne qui est géminée portent l'un les armes de Montmorency-Savoie (Mathieu et Adèle de Savoie, veuve de Louis le Gros, roi de France ; Savoie porte *de gueules à la croix d'argent*), l'autre Montmorency et France (François et Diane, légitimée de France). La lucarne de gauche offre à son fronton les armes de Montmorency et Angleterre (Mathieu et Olive d'Angleterre, 1126).

L'appui porte celles de Montmorency-Luxembourg (Madeleine et Henri, ducs de Luxembourg, 1597). A l'appui de la petite lucarne de droite se voit l'écusson de Montmorency-Fosseux (Jean de Montmorency et Jeanne de Fosseux, 1421). On arrive alors à la grosse tour extérieure qui joint le balcon.

A l'appui, de ce même côté de l'Ouest, on remarque les armes de Montmorency et Dreux (Mathieu IV, dit le Grand et Marie de Dreux, de sang royal, 1270). Puis, au-dessus de la fenêtre, les armes du dernier duc et de la dernière duchesse ; et tout près une inscription relatant la restauration du château en 1854.

En tournant à l'Est, on trouve une autre fenêtre qui porte en-dessous les armes de Mathieu IV et de Jeanne de Levis-Mirepoix, sa seconde femme (Levis porte : *sur champ d'or trois chevrons de sable*). Vient ensuite une grande fenêtre et, au-dessus, une niche qui reproduit en ronde-bosse le buste de saint Thibault, abbé des Vaux de Cernay, au-dessous du buste l'on voit les insignes du saint abbé, et les emblèmes de ce qu'il a quitté dans le monde, pour suivre sa vocation religieuse. Un chapelet est suspendu à la crosse abbatiale du saint.

Le tout est accompagné d'une inscription, où on lit :

SANCTUS THEOBALDUS, ABBAS DE VALLE CERNAÏ. — 1247.

Saint Thibault cumula les titres de capitaine, de religieux, et de poète. Selon Moréri : Il était fils de Bouchard V de Montmorency et de Laure de Hainaut, fille de Baudouin V.

CHATEAU DE COURTALAIN EN 1850

D'après d'autres historiens il aurait eu pour mère Mathilde de Châteaufort, de la noble maison de Courtenay, issue du sang royal de France.

Il naquit à Marly-Gallardon, au diocèse de Chartres, dont son père était seigneur ; c'est là qu'il passa son enfance et sa première jeunesse. Son éducation fût des plus soignées.

Nul gentilhomme ne savait mieux monter à cheval et faire les armes.

Cependant, il ne négligeait pas ses devoirs religieux, et professait en particulier une dévotion profonde envers la très sainte Vierge.

A la suite d'un tournois où il avait été miraculeusement protégé par celle qu'il appelait sa bonne mère et sa chère maîtresse, il quitta le monde et se retira dans l'abbaye des Vaux de Cernay, alors célèbre par la régularité et la ferveur de ses religieux.

Il s'y distingua lui-même entre tous ; et c'est à sa vertu éminente bien plus qu'à l'éclat de son nom qu'il dût d'être élu d'abord prieur et quelques années plus tard abbé de son monastère.

Il mourut en 1247, entouré de l'estime de tous. Les miracles qui l'avaient signalé pendant la vie le suivirent après la mort.

La reine Marguerite de Provence, épouse de saint Louis, l'avait en particulière vénération, et plus d'une fois on la vit visiter son humble cellule, puis prier à son tombeau.

A la suite se trouve une fenêtre de beaucoup moins grande dimension qui porte en appui les armes de Montmorency-Pon-thieu. (Mathieu de Montmorency, et Marie de Ponthieu, fille d'Aline de France, sœur de Philippe-Auguste, 1238).

La sculpture qui se voit au milieu de la grande cheminée de la grosse tour figure dans un encadrement grec d'environ 1 mètre de hauteur sur 80 centimètres de largeur, un sabre antique, semblable à la framée gauloise ; la pointe se trouve au haut de l'encadrement ; elle est accompagnée d'une couronne en feuilles de chène.

La garde est tenue par une main armée de gantelet.

Au-dessus on lit en lettres de relief la devise de Montmo-rency : Aπλανος.

Et, au-dessous, dans une banderolle ondulée, on lit également en lettres fouillées :

Dieu ayde au premier baron chrestien.

Des alérions accompagnent le sabre de chaque côté.

Cette magnifique cheminée qui domine tout l'édifice apparaît donc au visiteur comme une sorte de dédicace du château lui-même à l'illustre famille qui l'a si longtemps habité.

L'on arrive alors à la façade du midi qui donne sur le bourg.

Voici l'énumération des armoiries qui s'y trouvent :

1ʳᵉ lucarne près la tour : Mathieu II et Emme de Laval (1) (1221).

Appui : les armes de Guy de Montmorency, leur fils, souche de la branche de Montmorency-Laval, et celles de Philippa de Vitré, sa femme (1231).

2ᵉ lucarne. Tête de femme. Appui : Bouchard V et Laure de Hainault, descendante de Charlemagne par sa mère.

3ᵉ lucarne. Tête d'homme. Appui : Jacques de Montmorency et Philippa de Melun (1392).

4ᵉ lucarne, Charles de Montmorency et Perennelle de Villiers (2) de Lisle Adam (1364). Appui : Louis de Montmorency et Marguerite de Wastines (1462).

Cette étude terminée, le visiteur passe à la cour du château.

Il y remarque les armoiries suivantes :

1ʳᵉ lucarne, vers le nord, à gauche en entrant :

Guillaume de Montmorency et Anne de Pot (1484). Armes de Pot : *d'or à une fasce d'azur.*

Appui : Philippe-Marie de Montmorency, prince de Rosbecq, mort en 1601, et Marie Philippe de Croy, son épouse (1611).

2ᵉ lucarne, à gauche de la tour de l'escalier :

Le connétable Anne de Montmorency, mort à la bataille de Saint-Denis (1567) et Madeleine de Savoie, son épouse (1526).

Appui : Henri 1ᵉʳ de Montmorency et Louise de Budos (1593) Budos porte : *d'azur à trois bandes d'or.*

3ᵉ lucarne, à droite de la dite tour :

Henry II de Montmorency et Marie Félicité des Ursins (1412). Des Ursins porte : *bandé d'argent et de gueules de six, au chef d'argent chargé d'une rose de gueules soutenue d'or.*

4ᵉ lucarne, près le pignon : Le maréchal Christian Louis de Montmorency-Luxembourg et Madeleine de Clermont-Tallard de Luxembourg.

(1) Laval porte la croix de Montmorency *brisée de cinq coquilles d'argent,* ce fut jadis *de gueules à un léopard d'or.*

(2) Villiers porte : *d'or au chef d'azur chargé, vêtu d'hermine.*

FAÇADE SUD

Il y a quelques années, l'on a ouvert entre les deux lucarnes qui dominent l'entablement une petite fenêtre dont le fronton porte les armes de M. le marquis et de Madame la marquise de Gontaut-Biron, derniers propriétaires du château.

A la suite de la tour est un petit bâtiment avec galerie et terrasse, qui lui aussi n'est pas sans mérite. On y distingue, avant tout, un écusson aux armes de Montmorency après Bouvines, qui d'après plusieurs serait dû au ciseau de Jean Gougeon. Deux anges le supportent; sous leurs pieds, sont les lettres A M entrelacées et accompagnées de la devise connue Απλανος ; le cimier est surmonté, comme le sont généralement les armoiries des Montmorency, d'une tête de chien courant, aux oreilles pendantes.

Et c'est ainsi que la restauration du château de Courtalain nous apparaît comme une œuvre à la fois artistique et patriotique, puisqu'en fixant sur la pierre le souvenir de ses glorieux ancêtres, M. Raoul de Montmorency a redit à la postérité quelques-unes des plus belles pages de notre histoire nationale. Qu'il nous soit permis toutefois, avant de pénétrer dans l'intérieur de l'édifice, de considérer un instant la porte de la tour triangulaire avec ses pilastres et ses chapiteaux si délicatement sculptés. La frise en est d'un dessin très pur, et le couronnement, composé de plusieurs frontons ornés de jolis candélabres renferme de curieuses figurines pleines de vie, et d'expression. Les lettres A M entrelacées avec une épée en pal sont gravées sur le fronton central.

Cette porte qui conduit directement à l'escalier monumental est à peu près sans utilité aujourd'hui. Elle a été remplacée par une autre beaucoup plus spacieuse qui n'a d'autre ornement que l'écusson des Montmorency ; mais a l'avantage d'ouvrir sur l'antichambre.

C'est donc par cette antichambre que nous allons commencer la visite que nous avons maintenant intention de faire à l'intérieur du château. Or, ce qui frappe avant tout dès l'entrée, c'est une large tapisserie où figurent les armoiries des derniers représentants de la famille Montmorency. Les leurs d'abord, unies à celles des ducs de Luxembourg qui n'en diffèrent du reste que par le *lion de gueules debout, armé et couronné qu'elles portent en abîme, sur champ d'argent.*

C'est ensuite l'écu des princes de Bauffremont : *vairé d'or et de gueules*, avec leur devise : *plus de deuil que de joie*, et tout auprès celui des marquis de Gontaut-Biron : *écartelé d'or et de gueules*, avec la devise : *perit sed in armis*.

C'est encore celui des ducs de Rohan-Chabot : *parti de gueules et d'or, portant sur champ de gueules neuf macles posés trois, trois, trois et sur champ d'or trois chabots de gueules debout, posés deux, un* avec la devise : *concussus surgo*.

C'est enfin uni à un écusson des Montmorency, celui des comtes de Goyon-Matignon : *écartelé d'argent et d'azur portant au 1ᵉʳ et au 4ᵉ un lion de gueules debout, armé, lampassé et couronné d'or, au 2ᵉ et au 3ᵉ, trois lys d'or, posés 2, 1, avec un bâton de gueules péri en abîme; au 2ᵉ un lambel d'argent* se voit en outre au sommet de cette partie de l'écu.

Les armes de la dernière duchesse, unies à celles du duc son époux, ne figurent pas dans ce tableau, mais on les trouve reproduites en divers endroits et particulièrement au-dessus de la porte d'entrée de cette même antichambre : elles sont écartelées : *au 1ᵉʳ et 4ᵉ de cinq chevrons d'or et de gueules, et au 2ᵉ et au 3ᵉ d'un échiquier de gueules et d'or*.

Quatre scènes de chasse habilement reproduites, posées au-dessus des portes, complètent la décoration de cette première pièce.

Vient ensuite la salle de billard. De nombreux tableaux y fixent l'attention du connaisseur.

C'est d'abord à droite, un Granet figurant l'intérieur d'une cellule de moine et puis revêtu de son armure un maréchal de France de la famille de Montmorency.

A la suite on admire le duc de Bourgogne enfant et le Grand Condé, des scènes de village, des *ex-voto*, des intérieurs de pêcheurs napolitains ; de grandes basiliques italiennes ; plusieurs Joseph Vernet, des vues du château de la Brosse (S. et M.) autrefois propriété des Montmorency, des aquarelles et des estampes dont l'une représente à cheval le maréchal de Biron, décapité en 1602, et l'autre le comte Armand de Gontaut, ancien administrateur du canal de Suez et président du conseil général du Gers, mort en 1884, à l'âge de 44 ans. Enfin sur le billard une vieille tapisserie aux armes de Montmorency, et tout auprès un splendide buffet en bois d'ébène, orné de marqueterie d'une grande valeur, épave de la révolution.

FENÊTRES DU CHATEAU DE COURTALAIN

De la salle de billard on passe au salon.

A l'entrée on voit tout d'abord revêtu d'une armure de vieux chevalier, le duc Anne Léon II, et au-dessous Mme la princesse de Tingry, née de Segozan, puis le portrait en pied du célèbre Henri II de Montmorency, décapité à Toulouse, et ceux du dernier duc et de la dernière duchesse.

Vient ensuite, sur un piédestal, le buste en bronze du maréchal de Biron, l'ami d'Henri IV, tué au siège d'Epernay, et après en costume de l'époque, Charlotte de Montmorency, femme d'Henri de Bourbon, et mère du Grand Condé, et la duchesse de Longueville, sa fille, l'une des héroïnes de la Fronde, aussi célèbre par sa retraite du monde que par l'empire qu'elle sut exercer sur tous ceux qui l'approchaient. En suivant on rencontre un très joli tableau, rappelant le mariage si honorable pour la famille de Montmorency de Mathieu Ier avec Adélaïde de Savoie, veuve de Louis le Gros, et mère de Louis VII, dit le jeune ; et au-dessous une châsse d'une grande valeur artistique, qui contient, posée sur un riche coussinet, l'épée du connétable Anne ; et un peu plus loin, les mains jointes et dans l'attitude d'un ascète, Guillaume de Montmorency déjà nommé, zélé serviteur de nos rois pendant plus de 60 ans, mort en 1531.

Enfin aux quatre angles des murs, ce sont les attributs des quatre arts libéraux ; et dans le panneau qui fait face à la cheminée le portrait en grandeur naturelle de l'illustre maréchal de Luxembourg.

En quittant le salon, on se rend à la bibliothèque en passant par une galerie, appelée petit salon, et qui renferme elle aussi plusieurs tableaux dûs à d'habiles pinceaux : c'est d'abord, à gauche en entrant, la duchesse Charlotte de Montmorency-Luxembourg, épouse du duc Anne Léon II, entourée de ses cinq enfants encore en bas âge. C'est ensuite le baron de Breteuil, successivement ambassadeur et ministre sous Louis XVI, et grand-père de la duchesse Anne Charles François, née de Goyon-Matignon, et son frère l'abbé de Breteuil Puis c'est le duc Anne Charles, et la duchesse Caroline, son épouse. Un peu plus loin, c'est le duc de Laval, Anne Adrien Pierre de Montmorency, seigneur de Montigny-le-Gannelon, maréchal de camp, pair de France, grand d'Espagne au titre de Fernando-Luis, et tour-à-tour ambassadeur à Madrid, Rome, Vienne et Londres.

Et à la suite, le comte Anne Joseph Thibault de Montmorency, à la fois oncle et beau-frère du dernier duc ; la princesse de
Tingry, en costume de nonne, et le duc de Rohan, grand-père
de M. le marquis de Gontaut

Enfin, au bout de cet intéressant musée de famille, on regarde,
non sans admiration sur un beau piédestal le buste en marbre
blanc de Son Altesse royale, Mme Adélaïde de France, fille de
Louis XV, morte à Trieste en 1800, donné par Son Altesse elle-
même au duc Anne Léon 1er, son chevalier d'honneur. Autrefois
on aimait à voir au milieu de tous ces augustes personnages le
le jeune comte de Chambord, en costume de chasseur écossais ;
on regrette de ne plus l'y trouver.

De cette pièce on passe généralement à la bibliothèque. Mais
cette visite a perdu de nos jours ses principaux attraits. En
effet les nombreux objets d'art et souvenirs qui y avaient pris
place ont été transportés au château de Saint-Blancard, arron-
dissement de Mirande (Gers), berceau et séjour ordinaire des
Gontaut-Biron.

Il est toutefois un objet précieux à plus d'un titre qui ne
manque jamais de fixer l'intention des curieux ; c'est une petite
statue en albâtre sur le dos de laquelle on lit gravé par la main
même de M. le marquis de Gontaut :

« Statuette trouvée dans les décombres de l'église de Courtalain et donnée à M. de Gontaut en 1863. »

Elle représente une abbesse tenant d'une main un livre, signe
de sa dignité, et de l'autre un vase avec des marguerites, et un
long chapelet. « Albâtre ayant été peint ; travail du XIIIe ou
XIVe siècle. »

M. Henri Lecomte, notre éminent photographe, premier prix
du dernier concours de Blois, médaille en argent, a bien voulu
la photographier et offrir un exemplaire de son travail à l'éditeur
de cette notice (1).

Quant à la salle à manger, la dernière pièce qui s'offre au visiteur, ce qu'on y admire avant tout, ce sont les dignes et gra-

---

(1) M. Lecomte a bien voulu mettre à notre disposition d'autres photo-
graphies :

Déjà auparavant M. Ricois, habile peintre paysagiste né à Courtalain en
1795, avait offert au public des estampes relatives au château et à ses envi
rons. La bibliothèque de la ville de Chartres en possède quelques-unes.

ARMOIRIE DES MONTMORENCY APRÈS BOUVINES

GÉNIE SOUS UN BALCON

FENÊTRE DE SAINT THIBAULT

MÉDAILLON SCULPTÉ
PRÈS DE LA PORTE D'ENTRÉE

COURTALAIN — DÉTAILS

cieux tableaux de famille qui en ornent les murs. Ils sont si nombreux que nous sommes exposés à en oublier quelques-uns.

Nous noterons toutefois les suivants : le connétable Anne de Montmorency et Marguerite de Savoie, son épouse. Le maréchal Jacques de Goyon-Matignon, et messire Odet de Thorigny, l'un de ses descendants. Le prince de Montmorency-Rosbecq, et la duchesse Charlotte en costume de chasse. Mme de Tresson, née Charlotte de Montmorency ; Mme la duchesse de Luxembourg, née Louise de Colbert-Seignelay ; Mme la duchesse de Villeroy, née Marie de Montmorency ; et enfin de jolies images en pastel de tout jeunes enfants.

Il n'y a pas longtemps encore, on ne quittait pas Courtalain sans faire une longue visite aux serres et aux jardins, cette visite ne se fait plus guère de nos jours.

La culture des fleurs est devenue si commune !!!

II

SEIGNEURS DE COURTALAIN

'IL en faut croire l'étymologie de son nom, évidemment empruntée aux deux mots latins : *Curia Alani,* le premier ou même toute une série de seigneurs de la localité auraient porté le nom d'Alain ; leur notoriété fait défaut, il est vrai, mais d'après certains chroniqueurs cela doit venir de ce que, dans l'origine, ils n'auraient été que les délégués des seigneurs de Montigny-le-Gannelon à l'administration, au gouvernement de cette portion de leur seigneurie. Ce sentiment, du reste, est loin d'être sans fondement. En effet, en 1030, Eudes II de Montigny possède encore à Courtalain certains droits de suzeraineté. Quelques années plus tard, en 1095, ce vasselage paraît avoir pris fin et le seigneur Guillaume semble avoir joui de tous ses droits. Il faut remarquer toutefois que ce personnage ne figure pas dans la liste des premiers seigneurs de Courtalain, donnée par notre savant et regretté prédécesseur, M. l'abbé Desvaux.

Cela, du reste, n'a pas lieu de surprendre : puisqu'aucun dignitaire portant le nom d'Alain n'y figure.

Quant aux premiers Borel qu'il a cités, rien n'indique avec évidence qu'ils fussent seigneurs de Courtalain ; il est incontestable qu'ils habitaient la contrée ; mais on ne peut rien affirmer de plus.

Pour ne rien préjuger, il paraît donc rationnel de ne point faire remonter la possession de la seigneurie par les Borel au delà de l'année 1150. En cette année, Courtalain aurait été donné par Guillaume d'Illiers, seigneur également de Bois-Ruffin à Eudes Borel III son gendre comme dot de Berthe d'Illiers, sa fille.

Eudes eut pour successeur en 1169 Hugues IV son fils.

Celui-ci dut mourir vers 1189 et laisser un fils en bas âge, sous la tutelle d'Agnès, sa mère. Agnès est connue principalement pour ses démêlés avec les gens de Saint-Pellerin. Dans l'un d'eux il s'agissait du droit de pressoir, qu'Agnès réclamait impérieusement ; mais les moines de Saint-Hilaire, dont dépendait Saint-Pellerin, intervinrent, Agnès céda, et les gens de Saint-Pellerin furent autorisés à conduire leur vendange où bon leur semblerait.

En 1208, Courtalain avait encore changé de maître. La seigneurie avait pour titulaire Eudes IV.

Celui-ci ne vécut pas non plus en paix avec ses difficiles voisins et, à diverses reprises, Jean de Montigny, en sa qualité de seigneur suzerain de Saint-Pellerin, dut faire acte d'autorité.

Parmi les conventions stipulées entre les deux parties, les suivantes nous ont paru intéressantes à plus d'un titre.

1º Si une guerre sérieuse se déclare, les vassaux, dûment avertis et requis pour la défense du château, descendront à Courtalain et s'y joindront aux hommes d'armes.

2º Quand l'ennemi sera en fuite, ils le poursuivront, mais avec droit de s'arrêter, sitôt qu'il ne leur restera plus que le temps de regagner leur logis avant la nuit.

3º Les habitants de Saint-Pellerin seront tenus, en cas de guerre, de remettre au seigneur de Courtalain toute denrée alimentaire, destinée à être vendue. Comme gage, le seigneur leur donnera un objet d'un prix supérieur, objet qu'ils pourront vendre devant témoins, si, au bout d'un mois, le seigneur n'a ni rendu, ni soldé ce qui lui avait été confié.

COURTALAIN — PORTE D'ENTRÉE DU GRAND ESCALIER

Nous avons rapporté ces sages conventions ; parce qu'elles nous ont paru de nature à dissiper certains préjugés relatifs à cette période de notre histoire si diversement jugée.

Tout en effet est ici prévu, réglé, rien n'est livré à l'arbitraire, et le seigneur le plus belliqueux est fatalement condamné à l'impuissance, à l'abandon, s'il songe à autre chose qu'à repousser l'ennemi.

En 1217, Eudes IV prenait la croix et se disposait à passer en Terre-Sainte sous la conduite de Jean de Brienne. Mais le refus de subsides qu'il essuya de la part de ses indociles vassaux, et en particulier des gens de Saint-Pellerin le contraignit d'ajourner ou même d'abandonner son projet.

Eudes IV eut pour successeur, vers 1240, Eudes V son fils. Ce seigneur et les suivants ne nous sont connus que par divers actes de donations et autres auxquels ils ont pris part ; nous ne possédons donc aucun document qui les concerne en particulier. Nous savons seulement que cette famille Borel (1) possédait encore Courtalain en 1371, et que le dernier seigneur de ce nom légua sa seigneurie à Isabelle de Rouvray (2), sa femme, issue de la famille nombreuse alors des seigneurs de Rouvray près Illiers.

Cette Isabelle décéda sans enfants et transmit Courtalain à Jean de Rouvray, son frère ou son neveu, d'où il passa au fils de celui-ci aussi nommé Jean. L'année 1378 fut témoin d'un événement qui eut dans le pays Dunois un immense retentissement.

Les châteaux de Courtalain et du Mée en Arrou appartenant à Jean de Rouvray étaient mis sous le sequestre et lui-même était appréhendé de corps, comme soupçonné du meurtre de Guillaume de la Forêt, seigneur de Lanneray. Toutefois, après enquête son innocence fût reconnue. Il recouvra la liberté, ses biens lui furent rendus, et, en signe de réconciliation entre les deux familles, Jean de Rouvray fils épousa Gillette, fille de Guillaume.

Jean de Rouvray, deuxième du nom, fut un brave militaire.

En 1416, sous les ordres de Pierre et de Florent d'Illiers il prend part à la défense de Châteaudun assiégé par les Bourguignons et les Anglais.

---

(1) Borel porte : *burelé de trois burelles de sable.*

(2) Rouvray porte : *six annelets d'or posés 3, 2, 1*, et ailleurs : *3 merlettes, 2 et 1.*

En 1421, il est retenu à Chartres comme prisonnier de guerre par les mêmes ennemis et doit payer 300 livres pour sa rançon.

Enfin en 1427 au combat de Marchenoir il tombe entre les mains des Anglais, et reste prisonnier jusqu'à la trêve conclue plus tard entre Dunois et Suffolk.

En cette même année, 1427, Guillaume d'Avaugour, le futur possesseur de Courtalain, s'emparait, pour le roi de France, du château de la Ferté-Bernard.

A la même époque encore concurremment avec Jean de Rouvray, on trouve comme seigneur de Courtalain le sire Alain de Taillecoul, brave militaire, intrépide batailleur, célèbre entre tous par sa vaillance, son audace, ses prouesses, mais qui nous apparaît ici sans père, sans mère, sans généalogie.

Voici, ce nous semble, l'explication de ce fait :

Jean de Rouvray, devenu veuf, épouse en secondes noces Jeanne de la Bruyère, fille de Pierre, seigneur de Bois-Ruffin, et lui laisse à sa mort Courtalain en partie.

Devenue veuve à son tour, Jeanne de la Bruyère épouse en secondes noces Alain de Taillecoul (1), dont elle a deux enfants Jean et Marguerite. C'est donc en qualité d'époux de Jeanne de la Bruyère et de tuteur de ses enfants qu'Alain de Taillecoul aura possédé Courtalain.

Ce partage toutefois ne dura pas longtemps, car, à la mort de Jean de Taillecoul, fils d'Alain, décédé sans postérité, Marguerite, sa sœur, épousa Martin, fils ou neveu de Jean de Rouvray et par là remit Courtalain en la possession des Rouvray.

De son mariage avec Martin de Rouvray, Marguerite de Taillecoul eut deux enfants, Martin et Catherine. S'il en faut croire l'abbé Bordas, ce Martin épousa Bertrande d'Illiers, l'une des filles de Pierre d'Illiers, alors seigneur de Bois-Ruffin et gouverneur de Châteaudun, et mourut sans enfants. Pour Catherine, elle épousa Louis d'Avaugour (2) ; et c'est de ce mariage que serait venue la possession de Courtalain par les d'Avaugour. Quoi qu'il en soit, devenue veuve de Martin de Rouvray, Marguerite de Taillecoul épousa en secondes noces Pierre d'Illiers (3), celui-là même dont nous venons de parler.

(1) Taillecoul porte : *une fleur de lys accompagnée de six étoiles.*
(2) D'Avaugour porte : *d'hermine, sur le tout d'argent, au chef de gueules.*
(3) D'Illiers porte : un *champ d'or six annelets de gueules posés 3, 2, 1.*

STATUETTE DU MUSÉE DU CHATEAU DE COURTALAIN

Nous pensons qu'elle n'eut pas d'enfants de ce second mariage, et que, dès lors, ceux-là se trompent qui, se fondant sur un texte de Guillaume Lainé, qu'ils interprétaient mal, l'ont donnée pour mère aux messires d'Illiers, Florent, le brave compagnon du célèbre Dunois (1). Miles, évêque de Chartres, et Louis, abbé de Bonneval. En effet, ils ont confondu Marguerite de Taillecoul, troisième femme de Pierre d'Illiers, avec Marguerite de Machecoul qui fut la seconde.

Le *Gallia Christiana* le dit formellement, et nous aimons à croire qu'il faut se ranger à son avis, la concordance des dates du reste l'exige impérieusement.

Ce ne fût donc que transitoirement, et jusqu'à la majorité de Martin de Rouvray et de sa sœur Catherine que Pierre d'Illiers fût seigneur de Courtalain. Aussi Martin étant mort sans enfants, la seigneurie revint en entier à Catherine, et celle-ci, en s'unissant, comme nous le disions tout à l'heure, à Louis d'Avaugour, confia Courtalain à cette noble et antique famille, d'origine bretonne.

Louis d'Avaugour ne paraît pourtant pas avoir habité Courtalain ; selon toutes les apparences, il lui aurait préféré Bois-Ruffin, mieux fortifié sans doute, et moins exposé aux incursions des bandes ennemies.

Il en fût de même de Marin, son successeur.

Quant à Guillaume lui-même, tout porte à croire qu'il n'en avait point encore fait sa résidence au moment de son mariage avec Perrette de Baif (2), et qu'il ne l'habita qu'après la construction du château actuel, c'est-à-dire vers 1483 (3).

D'après M. l'abbé Desvaux, dans la notice sur les d'Avaugour qu'il a publiée au tome quatrième des bulletins de la Société

---

(1) On lit dans les mémoires relatifs au siège d'Orléans.

« En 1429, le jeudi 28 d'avril, arriva en cette ville d'Orléans, un capitaine moult renommé appelé messire Florentin d'Illiers et avec lui 400 lances fournies, tous braves combattants, qui venaient de Châteaudun ; lequel par son arrivée resjouit grandement tous les capitaines. »

(2) De Baïf porte : *de gueules à deux léopords d'argent l'un sur l'autre,* au *chef de même.*

(3) L'abbé Bordas attribue à ces derniers seigneurs l'érection de Courtalain en paroisse : c'est une erreur. Courtalain était paroisse au commencement du XIIIᵉ siècle, et même plus tôt très probablement.

Dunoise, Guillaume aurait été remplacé à Courtalain par Pierre
son fils aîné ; celui-ci aurait épousé Mathurine de Saint-Paer,
dont il aurait eu, vers 1498, un fils nommé Jacques, qui après la
mort de son père, eut pour tuteur son oncle Benjamin, seigneur
de Launay en Saumeray : il épousa, vers 1537, Catherine de la
Baume, dont il eut six enfants : François et Jean, Jacqueline,
Madeleine, Françoise et Madeleine la jeune.

François, seigneur de Lauresse et de Courtalain, en sa qualité
de fondateur présenta en 1567 à l'évêque de Chartres Pierre
Quillier comme curé de sa paroisse. Il eût la douleur de voir en
1562 Courtalain assiégé, pris et pillé par les Huguenots.

Jean d'Avaugour, son frère, le remplaça et comme lui mourut
sans enfants. L'année de sa mort, 1572, il légua ses biens à ses
sœurs. Jacqueline, qui était l'aînée, eût en partage Courtalain,
dont elle prit possession l'année suivante, 1573. Quelques années
auparavant, en 1553, elle avait épousé Pierre de Montmorency,
fils de Claude, baron de Fosseux, et d'Anne d'Aumont. Grâce
à ce mariage la famille de Montmorency entra en possession du château et de la seigneurie de Courtalain.

La possession lui en resta, sauf le temps de la révolution,
jusqu'à nos jours, et ne finit qu'à la mort du duc Anne Raoul,
le dernier survivant de cette noble et illustre famille.

Il convient donc que nous disions quelques mots, et tracions
une biographie succincte de chacun de ces augustes personnages
dont la notoriété a jeté sur Courtalain un si vif éclat.

Ils sont au nombre de neuf : Pierre 1er, Anne, Pierre 2e, François, Léon, Anne-Léon 1er, Anne-Léon 2e, Anne-Charles-François et Anne Raoul.

1° Pierre 1er. Ce seigneur se distingua principalement au siège
de Metz en 1553. Il vécut sous le règne des rois Henri II,
Charles IX et Henri III. Grâce à son crédit auprès de ce dernier roi,
il obtint confirmation des privilèges précédemment concédés par
François 1er relativement aux foires et marchés qui se tenaient
à Courtalain.

2° Anne. Il avait suivi Henri IV au siège de Rouen en 1591, et
y fût grièvement blessé ; sa santé en fut compromise ; il mourut
l'année suivante. On croit généralement qu'il ne se trouvait pas
à Courtalain en l'année 1586 ; sa présence, en effet, eût empêché

CHATEAU DE COURTALAIN. — FAÇADE OUEST

le duc de Joyeuse de rançonner et mettre au pillage la ville et le château.

Trois ans plus tard, en 1589, tout était réparé sans doute, car le roi Henri IV venait s'installer à Courtalain, en compagnie de son fidèle Sully, et de là harcelait les troupes de ligueurs, disséminées dans le Beauce, le Perche et l'Orléanais.

Anne de Montmorency avait épousé Marie de Beaune, fille de Jean de Beaune, chevalier.

3º Pierre II. Anne était mort jeune. Pierre II, son fils mourut plus jeune encore. Aussi, en dehors de ses titres nobiliaires, héritage de ses ancêtres, on ne lui en connaît pas d'autre que celui de chevalier de l'ordre du roi.

Il avait épousé Charlotte du Val, fille de Germain du Val, capitaine du château du Louvre.

Devenue veuve, celle-ci épousa en secondes noces Pierre de Beauxoncles, seigneur de Bois-Ruffin, Arrou et autres lieux, dont elle eût une fille nommée Charlotte qui mourut à la fleur de l'âge.

4º François. Resté encore enfant sous la tutelle de sa mère, ce seigneur paraît s'être contenté de la vie bourgeoise. En effet, l'on ne connaît de lui que sa participation aux troubles de la Fronde, qui lui valut quelques mois de séjour à la Bastille et quelques années de rélégation à Courtalain. Il avait épousé Elisabeth Harville des Ursins, fille d'Antoine des Ursins, marquis de Palaiseau.

5º Léon, né en 1664. Léon de Montmorency n'avait que 20 ans à la mort de son père ; et déjà les honneurs et les dignités qui avaient fui celui-ci semblaient s'être donné rendez-vous en sa personne. A cinq ans il était nommé page de la Chambre du roi, et successivement on le vit devenir lieutenant au gouvernement et bailliage du pays chartrain, capitaine dans le régiment de Roi-infanterie, et enfin, à l'âge de 30 ans, colonel au régiment de Forez ; malheureusement, les embarras financiers dont il avait hérité de son père ne lui permirent pas de soutenir l'éclat de son nom, il quitta donc le service militaire et se retira à Courtalain.

Il y vécut jusqu'à un âge fort avancé, entouré de l'estime et

(1) Nous avons publié ailleurs une lettre du célèbre ministre datée de Courtalain et adressée aux capitaines fidèles au roi.

de la vénération de tous ; il avait épousé Marie-Madeleine de Pous-
semotte de l'Etoile de Montbriseuil, fille de Jean de l'Etoile de
Montbriseuil, conseiller honoraire en la grande Chambre du
Parlement.

6° Anne Léon Iᵉʳ, né à Courtalain le 14 septembre 1705. Ce seigneur compte à son actif les plus beaux états de service.

En effet, engagé en 1721 à l'âge de 16 ans, en qualité de guidon de la compagnie des gendarmes d'Anjou, on le retrouve en
1778, à l'âge de 57 ans, gouverneur des ville et château de Sa-
lins, commandant en chef, pour sa majesté, dans les provinces
de Poitou, Saintonge, Aunis et îles adjacentes.

Pendant quinze ans, de 1733 à 1748, il assiste à douze sièges
importants, et prend part à autant de batailles en rase campagne.

Créé maréchal de camp à Fontenoy, sur le champ même de la
bataille, il était bientôt après nommé lieutenant général et élevé
à la dignité de commandeur des ordres de Saint-Michel et du
Saint-Esprit ; nommé menin de Monseigneur le Dauphin et
chevalier d'honneur de Mesdames Henriette et Adélaïde de
France, filles du roi.

Anne Léon Iᵉʳ de Montmorency avait épousé en premières noces
Anne-Marie Barbe de Ville, fille d'Arnold de Ville... chevalier,
9 septembre 1730.

Après un long veuvage, il épousa Marie-Madeleine Charette
de Montebert, d'une antique maison de Bretagne.

De son premier mariage, il avait eu un fils unique, nommé
comme lui Anne Léon, qui le remplaça à Courtalain.

7° Anne Léon 2°. Ce seigneur eut un début des plus brillants
dans les honneurs et la carrière militaire.

Engagé d'abord comme guidon, on le voit en effet devenir successivement capitaine-lieutenant des gardes de la reine, maréchal
des camps et armées du roi, menin de Monseigneur le Dauphin
et enfin connétable héréditaire de la province de Normandie.

Toutefois, sa carrière militaire finit avec le honteux traité de
Paris. Il se retira alors à Courtalain, où il vécut dans l'obscurité,
occupé exclusivement de bonnes œuvres, jusqu'au moment où
la révolution, devenue victorieuse, le força de prendre le chemin
de l'exil.

Il y mourut en 1799 à l'âge de 68 ans, miné par les chagrins et
les privations.

CHATEAU DE COURTALAIN. — FAÇADE EST

En 1773, il était baron de Brou, comme héritier de dame Anne-Barbe de Courcelle, sa grand'mère. Il avait épousé en premières noces une fille du comte de Champagne.

En secondes noces, il épousa Françoise-Charlotte de Montmo-rency-Luxembourg, fille de Charles-Anne Sigismond, déjà précédemment nommée.

8° A la mort de Anne Léon 2, le château de Courtalain, alors dévasté, fut destiné à son fils aîné, Anne-Charles-François ; celui-ci n'avait que quinze ans à peine quand il entra comme garde du corps dans la compagnie de Luxembourg. A dix-sept ans, il était reçu dans le Colonel-Dragon, en qualité de cornette, grade correspondant à celui de capitaine dans l'organisation actuelle.

Le 2 juin 1788, il épousait Anne-Louise Caroline de Goyon-Matignon, fille de Charles-Auguste et de Anne-Angélique le Tonnelier de Breteuil.

Au moment de la révolution, il dut abandonner toutes ses espérances d'avenir; il en profita pour se donner tout entier aux siens. A diverses reprises, il s'exposa pour eux aux plus grands dangers. A la fin, convaincu qu'il se dévouait en pure perte, il quitta définitivement la France, et se retira à l'étranger. Toutefois, malgré les plus pressantes sollicitations, il refusa de prendre rang dans l'armée des émigrés. Il aimait trop son pays pour porter les armes contre ceux qui en dirigeaient les affaires. Aussi les portes de la France ne furent pas plutôt ouvertes à ses fidèles enfants qu'il se hâta d'y rentrer.

Ses premiers soins furent naturellement consacrés à recueillir les débris de la fortune paternelle ; mais il n'oublia pas pour cela le bien public. Porté au conseil général d'Eure-et-Loir, en 1801, il en conserva les honorables fonctions jusqu'en 1818. Dès les premiers jours de l'empire, Napoléon qui voulait se rallier l'ancienne noblesse lui offrit le titre de comte et en même temps Mme de Montmorency était nommée dame du palais.

Au moment de l'invasion, M. de Montmorency fut appelé au commandement de la garde nationale d'Eure-et-Loir, et bientôt après, sur la proposition même de l'empereur, nommé aide-major du maréchal de Moncey, gouverneur de Paris. Il était installé à peine dans cette nouvelle fonction que l'empereur ordonnait au maréchal de quitter Paris ; les trois collègues de M. de

Montmorency démissionnaient alors, et lui seul restait chargé de la défense de la capitale. Il s'acquitta de cette tâche difficile et pénible en toute conscience et honneur.

Sa conduite toutefois n'eût pas l'agrément du gouvernement provisoire qui se substitua à l'empereur ; il fût relevé de ses fonctions et remplacé par le général Dessoles. Le procédé le froissa profondément, mais il se résigna, et son dévouement à la Restauration n'eût point à en souffrir ; en 1827, il reçut en son château de Courtalain, avec toute la pompe qui convenait en pareille circonstance, Leurs Altesses Royales mesdames la duchesse de Berry et la duchesse d'Angoulème.

En 1830, il était pair de France ; c'était un esprit très libéral ; aussi, malgré les sympathies dont il avait constamment entouré la branche aînée des Bourbons, il continua de siéger au milieu des nouveaux collègues dont on avait doté la Chambre Haute.

Anne-Charles-François de Montmorency mourut en 1846, profondément regretté de tous ceux qui l'avaient connu. Par son testament, il avait fondé quatre lits à l'hospice des incurables de Châteaudun.

La duchesse l'avait précédé de quelques jours seulement dans la tombe.

Chevalier depuis 1814, et officier depuis 1823, Anne-Charles-François de Montmorency était, au moment de sa mort, commandeur de la Légion d'honneur.

9° Anne-Louis-Victor Raoul. Ce dernier survivant de la branche aînée des Montmorency naquit à Soleure en 1790. Rentré en France avec sa famille en 1800, on le vit dès 1807, à l'âge de 17 ans, embrasser la carrière des armes.

Trois ans après, en 1810, il était sous-lieutenant, aide de camp du maréchal Davoust, et officier d'ordonnance de l'empereur.

En 1809 il prenait part à la guerre contre l'Autriche. Mais bientôt une grave maladie le condamnait à l'inaction ; l'empereur alors, pour lui donner un témoignage de son estime, le nommait son chambellan.

En 1813, il était appelé à remplacer le duc son père, dans le commandement de la garde nationale du département d'Eure-et-Loir.

Au retour des Bourbons, Anne-Louis-Victor Raoul s'attacha à la fortune du duc d'Orléans, qui le fit son aide de camp.

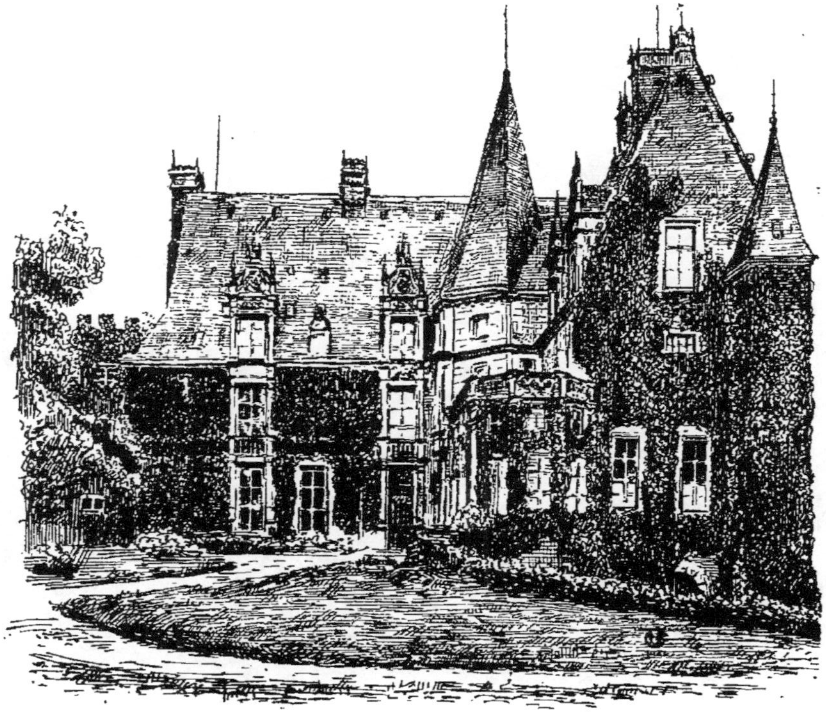

CHATEAU DE COURTALAIN. — FAÇADE NORD

Toutefois dès 1820, lors de son mariage avec dame Euphémie-Théodora-Valentine de Harchies, fille de Louis-François-Gabriel-Joseph de Harchies, marquis de Vlamestinche ; et veuve de son oncle Thibault ; il se renferma sans retour dans la vie privée.

La révolution de 1830 l'affligea ; toutefois, il ne crut pas devoir rompre et continua avec le roi Louis-Philippe les relations qu'il avait entretenues avec le duc d'Orléans.

Les journées de février 1848 le trouvèrent en permanence aux Tuileries.

Après la déchéance et l'exil du vieux roi, bien des fois il se rendit en Angleterre auprès de la famille royale. Il fut l'un des exécuteurs testamentaires de celui dont il avait été, jusqu'à ses derniers jours, le fidèle ami.

Messire Raoul de Montmorency mourut à Courtalain en 1862. La duchesse l'avait précédé de deux ans dans la tombe.

De concert, ils avaient construit en 1853 une splendide maison pour servir à la fois d'école et d'hospice. A sa mort, le bon duc légua à la commune de Courtalain un capital considérable ; pour assurer à l'avenir la gratuité de l'école pour les filles de Courtalain et de Saint-Pellerin, et le soulagement des pauvres des mêmes localités.

Comme ses ancêtres, il a donc passé en faisant le bien. De son mariage avec dame Caroline de Goyon-Matignon, le duc Anne Charles avait eu trois enfants : le duc Raoul dont nous venons de parler, et deux filles, Elisabeth Laurence qui épousa le prince Pierre Théodore de Bauffremont, et Anne Louise Alix, qui épousa le duc de Valençay, Louis de Talleyrand-Périgord.

L'une et l'autre étaient mortes avant le duc, leur frère, et laissaient d'assez nombreux héritiers.

Dans le désir de conserver intact à sa famille l'important domaine de Courtalain, M. de Montmorency crut donc devoir en disposer par testament, et le légua à la fille de sa sœur Elisabeth Laurence, née Félicie de Bauffremont, mariée, depuis quelques années déjà, au marquis Charles-Louis de Gontaut-Biron, seigneur de Saint-Blancard.

M. le marquis de Gontaut est mort le 29 août 1897, emportant d'unanimes regrets.

C'était un homme de bien, fort distingué et fort instruit.

Pendant la terrible guerre de 1870, M. de Gontaut exposa plu-

sieurs fois sa liberté et sa vie pour sauver celles de ses admi-
nistrés.

La guerre finie, il paya largement les frais occasionnés à la
commune par l'invasion.

Les élections municipales qui suivirent ne lui furent cependant
pas favorables, il ne recueillit qu'un nombre de voix presque
dérisoire, mais il sût s'élever au-dessus de mesquines jalousies,
et continua à se montrer bon et généreux.

Sa veuve a gardé jusqu'à ce jour la possession et la jouissance
du château et de ses dépendances ; mais au vif regret de la plus
nombreuse et de la plus saine partie des habitants de Courtalain,
son grand âge ne lui permet plus d'y séjourner aussi longtemps
que par le passé.

Nous ne pouvons omettre de rappeler ici quel long tribut de
dévouement et de gloire les deux illustres familles de Montmorency et de Gontaut ont payé à la France.

En effet vingt-neuf Montmorency et dix-huit Gontaut sont
morts sur les champs de bataille ou des suites de leur blessures.

En terminant cette notice trop rapide, nous osons formuler un
désir : une noble famille très répandue dans la contrée pendant
les quinzième, seizième et dix-septième siècles a porté le nom et
le titre de de Courtalain.

On la trouve à la fois à Coupigny-Dangeau ; Prasville, Civry,
Chapelle-Guillaume, Gallardon, Lutz, Villours, Terminiers, le
Bazoche Gouet, Chapelle-Royale, Fains, le Favril, et la Houssaie-
en-Unverre.

Nous serions donc très reconnaissant envers l'heureux savant
qui nous renseignerait exactement sur l'origine de cette famille,
et nous indiquerait à quelle branche des seigneurs de Courtalain
il convient de la rattacher.

En effet, jusqu'ici, la question est restée obscure ; les plus éru-
dits hésitent, doutent ou s'abstiennent. Quant à nous, nous in-
clinons pour les d'Illiers, malgré le peu de temps qu'ils ont
passé à Courtalain.

A. M. D. G.

Abbé CHAPRON,
curé de Courtalain.